Das Wagnis der Liebe

Texte zur Orientierung:
Franz von Assisi

Mit einer Einführung
herausgegeben von Peter Helbich

D1931763

Gütersloher Verlagshaus
Gerd Mohn

Das Wagnis der Liebe

»Seltsam! Wenn eine Gestalt leicht, frei, mutig und sicher genug ist, durch die Trümmer und Finsternisse dieser Jahre zu führen, so ist es der Arme von Assisi ... Wir müssen zu tun versuchen, was er getan hätte: So gelangen wir weiter, tief in die Zeit – und durch sie hindurch. Und indem wir ihm folgen – wirklich und wahrhaftig –, wird sich die Erde verklären. Er beugt sich über die Ärmsten als seinesgleichen und achtet die Würde in ihnen, die ihnen Christus errungen hat. Er bedeutet uns, stille zu werden, daß wir den Lobgesang der Geschöpfe vernehmen, eine gewaltige, nicht von Menschen ersonnene Melodie. Auf eine geheimnisvolle Weise strömen ihm die Kräfte der Schöpfung, der Menschen und Tiere, der Pflanzen und Steine, zu; er nimmt sie in demütiger Ehrfurcht auf, um des Herrn willen, der in die Schöpfung getreten; und auf eine neue, wunderbare Art leitet der Heilige diese Kräfte zum Herrn zurück. Wo er vorübergeht, gelangen die Menschen und Dinge in eine neue Beziehung zu Christus: Diese Beziehung erst wird sie retten und bewahren. Denn wie der Mensch, so hatte in des Menschen Augen auch das Geschaffene seine Würde eingebüßt: darum ist es Zeit, daß der ›Herold des großen Königs‹ kommt. Es ist der Bettler in Herrlichkeit« (Reinhold Schneider).

Der Versuch einer Annäherung an die faszinierende und von dem Geheimnis göttlicher Liebe umhüllte Gestalt des Franziskus setzt eine besondere Sprache und eine der Ausstrahlung dieser ungewöhnlichen Persönlichkeit des Mittelalters sich öffnende Aufmerksamkeit voraus. Dem »Christus des Mittelalters«, dem Poverello, dem Armen, durch den die Menschen und Dinge – wie der Dichter sagt – in eine neue Beziehung zu

Christus gelangen, kann man nur gerecht werden, indem man seinen Worten und Taten in der radikalen Konsequenz seiner Nachfolge und in seinem mutigen Wagnis zur Liebe begegnet. Die Berichte und Legenden, die sicherlich manchmal in einer von Begeisterung und glühenden Verehrung geprägten Erzählweise niedergeschrieben wurden, lassen dennoch das Bild dieses ungewöhnlichen Gotteszeugen auch heute, nach 800 Jahren, leuchtend hervortreten. In den Legenden, die ursprünglich als Erzählungen zum Vorlesen bestimmt waren, wurde das Leben des Franziskus nachgezeichnet, unter anderem in der sogenannten »Drei-Gefährten-Legende«, den »Fioretti« (»Blümlein«, eine Sammlung von Legenden, die im 14. Jahrhundert entstanden ist), in den Lebensbeschreibungen des Thomas von Celano, einem Schüler von Franziskus, und des Bonaventura (um 1260). Noch stärker allerdings beeindrucken die Worte, die von Franziskus überliefert sind. Wer sie nicht nur mit dem Verstand, sondern auch mit dem Herzen liest, wird sich ihrem Einfluß nicht entziehen können. Aber, wie immer bei solchen außergewöhnlichen und den kirchlichen wie gesellschaftlichen Rahmen sprengenden Persönlichkeiten, sind Worte und Leben nicht zu trennen. Ja, erst durch ihr vorbildliches und überzeugendes Leben erhalten ihre Worte zusätzliches Gewicht.
Wer ist nun dieser Franziskus? Ein Aussteiger oder ein Heiliger? Einer seiner Biographen, Thomas von Celano, beschrieb ihn so: »Franziskus war ein redegewandter Mann mit fröhlichem Gesicht und gütigen Gesichtszügen, frei von Feigheit, ohne jede Überheblichkeit. Von mittlerer Größe, eher klein als groß, hatte er einen mittelgroßen runden Kopf, ein etwas längliches und gedehntes Gesicht, eine ebene und niedrige Stirn, nicht sonderlich große, dunkle, unverdorbene Augen, dunkles Haar, gerade Augenbrauen, eine gleichmäßige, feine, gerade Nase, aufwärts gerichtete, aber kleine Ohren, flache Schläfen, eine gewinnende, feurige und scharfe Sprache,

dichte, gleichmäßige und weiße Zähne, schmale und zarte Lippen, einen dunklen, nicht vollen Bart, einen schlanken Hals, gerade Schultern, kurze Arme, zarte Hände, lange Finger, etwas vorstehende Nägel, dünne Beine, sehr kleine Füße, eine zarte Haut, war sehr mager, trug ein rauhes Gewand, gönnte sich nur sehr kurzen Schlaf, besaß eine überaus freigebige Hand.« In der kurzen Spanne seines Lebens von 1182–1226, also 44 Jahre, hat er sich restlos verzehrt. Wie eine Kerze, entzündet von dem Licht des göttlichen Geistes und der Christusliebe, leuchtete und verbrannte er durch das Feuer in seinem Herzen.

Zunächst sah es aber ganz anders aus. Als Sohn des reichen Tuchhändlers Bernadone 1182 in Assisi geboren, war für ihn ein Leben mit all den angenehmen Seiten bestimmt. Als bewunderter Anführer der Jugend von Assisi lernte er die weit ausholende und fröhliche Vitalität eines jungen und unbeschwerten Lebens kennen. Seine Anmut und seine musische Begabung weckten in ihm die Ideale eines Spielmanns und Ritters. Nach einer kriegerischen Auseinandersetzung zwischen den Städten Assisi und Perugia fand Franziskus, nun als Geschlagener und Gefangener, wenig Gefallen an diesem Ritterspiel. Durch eine schwere Krankheit begann in seiner Seele die Verwandlung, mit der Gott ihn für seinen Dienst bereitmachte. »Was willst du, Herr, daß ich tun soll?« – so lautete seine drängende Frage. Die Zeit des quälenden Nachdenkens und Suchens nach dem Sinn seines Lebens fand im Jahre 1206 ein Ende. In San Damiano, einem zerfallenen Kirchlein in der Nähe von Assisi, hörte er: »Du mußt meine Kirche wieder aufbauen!« Franziskus tat es. Danach folgten weitere Ausbesserungsarbeiten an anderen Kirchen und Kapellen.

Sein Vater, der angesehene Kaufmann und Bürger von Assisi, wurde unruhig. Die Leute lachten über seinen »verdrehten« Sohn, und er bangte um sein Vermögen. Die Loslösung des

Sohnes vom Vater verlief dramatisch. Auch wenn der Vater alles versuchte, er konnte den Sohn von dem nun einmal eingeschlagenen Weg nicht zurückhalten. Vor dem bischöflichen Gericht fand die letzte Entscheidung dieser Trennung statt. Er riß sich die Kleider vom Leib und warf sie dem Vater hin: »Nun kann ich in Freiheit sprechen: Vater unser, der du bist im Himmel – nicht: Vater Peter Bernadone!« Der Bischof bedeckte mit seinem Mantel den entblößten Franziskus. Nun war Franziskus nicht nur in der Obhut der Kirche, sondern auch frei für den Dienst seines neuen Herrn, Jesus Christus. Er sammelte unter anderem Material, um weiter an einer kleinen Kapelle, der Portiuncula, arbeiten zu können. Inzwischen fand er Gleichgesinnte, die bei ihm blieben. Am 24. Februar 1209 hörte er im Gottesdienst in dieser Kapelle das Tagesevangelium, die Aussendungsrede Jesu an seine Jünger aus dem Matthäusevangelium im 10. Kapitel:

»Diese zwölf sandte Jesus aus und trug ihnen auf:
Geht und verkündet
Das Himmelreich ist nahe
Heilt Kranke
Weckt Tote auf
Macht Aussätzige rein
Treibt Dämonen aus

Umsonst habt ihr empfangen
Umsonst sollt ihr geben

Steckt nicht Gold Silber und Kupfermünzen in euren Gürtel
Nehmt keine Vorratstasche mit auf den Weg
Kein zweites Hemd keine Schuhe
Keinen Wanderstab
Denn wer arbeitet hat Anspruch auf Unterhalt

Wenn ihr in eine Stadt kommt oder in ein Dorf
Erkundigt euch wer es wert ist euch aufzunehmen
Bei ihm bleibt bis ihr weiterzieht
Wenn ihr in ein Haus kommt
Dann wünscht ihm Frieden
Wenn das Haus es wert ist soll der Friede
Den ihr ihm wünscht bei ihm einkehren
Ist das Haus es aber nicht wert
Dann soll der Friede zu euch zurückkehren
Wenn man euch in einem Haus oder in einer Stadt
Nicht aufnimmt
Und eure Worte nicht hören will
Geht weg und schüttelt den Staub von euren Füßen

Ich sende euch wie Schafe mitten unter Wölfe
Seid daher klug wie die Schlangen
Und arglos wie die Tauben

Ein Jünger steht nicht über seinem Meister
Und ein Knecht nicht über seinem Herrn
Der Jünger muß sich damit begnügen
Daß es ihm geht wie seinem Meister
Und der Knecht daß es ihm geht wie seinem Herrn
Wenn man schon den Herrn des Hauses
Beelzebul genannt hat
Um wieviel mehr
Wird man dann seine Hausgenossen verteufeln

Fürchtet euch nicht vor denen die den Leib töten
Die Seele aber nicht töten können
Fürchtet euch vor dem
der Seele und Leib
Ins Verderben stürzen kann
Verkauft man nicht zwei Spatzen

Für ein paar Pfennig
Und doch fällt keiner von ihnen zur Erde
Ohne den Willen eures Vaters
Bei euch aber
Sind sogar die Haare auf dem Kopf gezählt
Fürchtet euch also nicht
Ihr seid mehr wert als alle Spatzen zusammen
Wer sich nun vor den Menschen zu mir bekennt
Zu dem werde auch ich mich
Vor dem Vater im Himmel bekennen
Wer mich aber vor den Menschen verleugnet
Den werde auch ich
Vor meinem Vater im Himmel verleugnen
Wer Vater oder Mutter mehr liebt als mich
Ist meiner nicht würdig
Wer Sohn oder Tochter mehr liebt als mich
Ist meiner nicht würdig
Und wer nicht sein Kreuz auf sich nimmt
Und mir nachfolgt
Ist meiner nicht würdig
Wer das Leben gewinnen will wird es verlieren
Wer aber das Leben um meinetwillen verliert
Wird es gewinnen«

Nach dem Gottesdienst warf er Schuhe und Stock fort, ersetzte seinen Gürtel durch einen Strick, das Einsiedlergewand durch eine wollene Kutte, wie sie damals die Schäfer trugen. Ergriffen von dem Sendungsauftrag seines Herrn, ging er nun den Weg der konsequenten Nachfolge. »Das ist es!« sprach er, »und es verlangt mich dies zu erfüllen aus ganzer Seele.«
Neben der Aussendungsrede Jesu waren es vor allem die Worte der Bergpredigt (Matthäus 5–7), die das Gebet und die Meditation des Franziskus und seiner Brüder prägten. Die endgültige Fassung der Ordensregel (1223) beginnt mit den

Sätzen: »Dies ist die Regel der Brüder: in Gehorsam leben, ehelos und ohne Eigentum, der Lehre unseres Herrn Jesus Christus und seinen Spuren nachzufolgen.« Die Regel wird vom »Herrn Papst« gebilligt. Franziskus blieb seiner Kirche treu. Er verstand sich in seiner Mission als ein lebendiges Glied des Leibes Christi. Er war ein getreuer Diener seines Herrn.

Viele kamen zu ihm, schlossen sich ihm an. Die einen unterwarfen sich der strengen Regel, nahmen Armut, Ehelosigkeit und Gehorsam auf sich. Diese gehörten zum ersten Orden der Minderbrüder, lat. Ordo Fratrum Minorum (OFM). Auch junge Mädchen wollten ihr Leben in franziskanischem Geist gestalten. Klara, ebenfalls aus Assisi, wurde als erste Äbtissin 1212 mit dem Gewand der Armut bekleidet. Die »Klarissen« bildeten den zweiten Orden. Der dritte Orden, der für Laien bestimmt war, entstand 1221. Vielleicht ist der »Brief an alle Gläubigen« ein Entwurf für die Regel dieses Laienordens. Gebets- und Bußübung, Fürsorge für Arme und Kranke, Entrichtung von Geldspenden und der Verzicht auf Waffentragen waren die wesentlichsten Verpflichtungen.

Inzwischen reiste Franziskus nicht nur in Italien, sondern auch viel in andere Länder. Im Orient besuchte er die heiligen Stätten des Herrn. Er wollte Nichtgläubige bekehren und den Märtyrertod erleiden. Nach seiner Rückkehr in die Heimat blieben ihm nur noch wenige Jahre. Das Leben in Armut und seine aufopfernde Liebe haben die Kräfte dieses Mannes aufgezehrt. 1223 bereitete er eine besonders festliche Weihnachtsfeier vor. In Greccio ließ er die Grotte von Bethlehem nachbilden. Aus diesem Vorbild entstand die heute noch gebräuchliche Weihnachtskrippe. 1224 erleidet er die Wundmale Christi. Die Stigmatisation versuchte er lange zu verbergen. Doch das Licht der brennenden Kerze wurde schwächer. Seit 1224 plagten und quälten ihn Krankheit, seelische Erschöpfungszustände und Depressionen; er war fast erblindet.

In der Einsamkeit suchte er die Nähe Gottes. Seine vertrauten Brüder, die drei Gefährten Leo, Angelus und Rufinus, waren bei ihm. Eines Tages ließ er sich nach Portiuncula bringen, wo er einst die Aussendungsrede Jesu hörte und sein eigener und der Weg seines Ordens begann. Kurz vor seinem Tod, am 3. Oktober 1226, hat er seinem »Sonnengesang« (1225) eine letzte Strophe hinzugefügt:

»Gelobt seist Du, Herr,
durch unsern Bruder, den leiblichen Tod;
ihm kann kein lebender Mensch entrinnen.
Wehe denen, die sterben in ihren Sünden!
Selig, die er in Deinem heiligsten Willen findet!
Denn sie versehrt nicht der zweite Tod.
Lobet und preiset den Herrn!
Danket und dient Ihm in großer Demut!«

»Als Franziskus nun erkannte, daß die Stunde seines Todes nahe bevorstehe, rief er zwei Brüder und hieß sie wegen des nahen Todes, oder vielmehr wegen des so nahe bevorstehenden Lebens, im Jubel des Geistes mit lauter Stimme dem Herrn die Lobpreisungen singen. Und so gut er konnte, sang Franziskus selbst den Psalm Davids: ›Mit meiner Stimme rufe ich zum Herrn, mit meiner Stimme flehe ich zum Herrn‹. Darauf ließ sich der Heilige auf ein Bußgewand legen und mit Asche bestreuen, da er ja bald zu Staub und Asche werden sollte. Während nun viele Brüder herbeikamen, denen er Vater und Führer war, und ehrfürchtig ihn umstanden, und alle sein seliges Scheiden und glückliches Ende erwarteten, löste sich seine heilige Seele vom Leibe und wurde in dem grundlosen Meer des Lichtes verschlungen; der Leib aber entschlief im Herrn« (Thomas von Celano).
Noch einmal soll der Dichter das Wort erhalten. Reinhold Schneider, der sich in besonderer Weise mit Franziskus aus-

einandersetzte, hat Gedanken formuliert, die uns die Aktualität des franziskanischen Geistes für unsere Zeit beweisen: »Die Liebe hat nur einen Weg: es ist die Bruderschaft mit allem Geschaffenen, die Hingabe in Freiheit, das Hervorbrechen aus allen Gefängnissen der Erde. Die Liebe verteidigt sich, indem sie sich opfert. Wenn aber nun die Botschaft des Heiligen von Assisi – es ist eine Botschaft durchaus an uns alle – wirklich verstanden werden würde, müßte sich dann nicht alles verändern? Nicht allein die Menschen sind Brüder in Jesus Christus; sie sind auch Brüder der Elemente. Das Feuer ist Bruder, und mit ihm sind alle Mächte des Kosmos als Brüder angeredet. ›Ärgere das Feuer nicht.‹ Es ist ein vielleicht nie verstandenes, gar ein belächeltes Wort des Heiligen von Assisi, den viele Zeitgenossen für einen Narren oder Schwachsinnigen hielten; und es ist doch eines seiner ernstesten und tiefsten; es trifft uns unmittelbar. Denn wir sind Verwalter des Feuers vor dem, der es schuf. Wir haben nicht allein uns zu verantworten, sondern die Schöpfung selbst, und nicht allein in Taten, sondern auch in Worten und Gedanken. Wir sind Brüder der Elemente in Christus, und wie Kain nach Abel gefragt wurde, werden wir nach allen unseren Brüdern gefragt werden. Hier könnte Christentum aufbrechen, das von wenigen gelebte, noch immer unentdeckte.«

FR
FRA
CISCV
PA
HV

Höchster
Herrlicher Gott
Erleuchte
Die Finsternis meines Herzens

Gib mir
Echten Glauben
Sichere Hoffnung
Vollkommene Liebe
Sinn
Und Erkenntnis
Herr
Damit ich erfülle
Deinen heiligen und wahren Auftrag
Amen

Wir beten Dich an
Herr Jesus Christus
Hier und in all Deinen Kirchen auf der ganzen Welt
Wir segnen Dich
Denn durch Dein heiliges Kreuz
Hast Du die Welt erlöst

Allmächtiger
Ewiger gerechter und barmherziger Gott

Gib
Daß wir Elende
Um Deiner selbst willen
Das tun
Von dem wir wissen daß Du es willst

Und immer wollen
Was Dir gefällt

So können wir
Innerlich gereinigt und erleuchtet
Durch das Feuer des Heiligen Geistes entflammt
Nachfolgen
Deinem geliebten Sohn
Unserem Herrn Jesus Christus

So können wir
Durch Deine Gnade allein
Zu Dir Höchster
Gelangen
Der Du
In vollkommener Dreiheit
Und einfacher Einheit
Lebst und herrschest
Und verherrlicht wirst
Allmächtiger Gott
In alle Ewigkeit
Amen

Erklärung zum Vaterunser

O heiligster *Vater unser:* unser Schöpfer, Erlöser, Tröster und Heiland.
Der du bist in den Himmeln: in den Engeln und in den Heiligen. Du erleuchtest sie zum Erkennen, weil du, Herr, das Licht bist. Du entflammst sie zur Liebe, weil du, Herr, die Liebe bist. Du wohnst in ihnen und erfüllst sie zur Seligkeit, weil du, Herr, das höchste Gut bist, das ewige Gut, von dem jegliches Gute kommt, ohne den nichts Gutes ist.
Geheiligt werde dein Name: aufleuchten soll in uns die Kenntnis von dir, damit wir erkennen die Breite deiner Wohltaten, die Länge deiner Verheißungen, die Höhe der Majestät und die Tiefe der Gerichte.
Dein Reich komme: damit du in uns durch die Gnade herrschest und uns in dein Reich kommen lassest, wo ist die unverhüllte Anschauung deiner selbst, die vollkommene Liebe zu dir, die selige Gemeinschaft mit dir, das ewige Genießen deiner selbst.
Dein Wille geschehe, wie im Himmel so auf Erden: damit wir dich lieben aus ganzem Herzen, indem wir immer an dich denken; aus ganzer Seele, indem wir immer nach dir verlangen; aus ganzem Gemüte, indem wir all unser Streben zu dir hinlenken und deine Ehre in allem suchen; und aus allen unseren Kräften, indem wir alle unsere Kräfte und Empfindungen der Seele und des Leibes zum Gehorsam gegen deine Liebe und für nichts anderes aufbieten. Und damit wir unsere Nächsten wie uns selbst lieben, indem wir alle nach Kräften zu deiner Liebe hinziehen, uns über das Gute der anderen wie über das unsrige freuen und in Widerwärtigkeiten Mitleid mit ihnen haben und niemanden irgendwie beleidigen.

Unser tägliches Brot: deinen geliebten Sohn, unseren Herrn Jesu Christus, *gib uns heute:* zum Gedächtnis und Verständnis und zur Hochachtung der Liebe, die er zu uns gehabt hat, und dessen, was er für uns gesprochen, getan und erduldet hat.
Und vergib uns unsere Schuld: durch dein unsagbares Erbarmen und durch die Kraft des Leidens deines geliebten Sohnes und durch die Verdienste und Fürsprache der allerseligsten Jungfrau Maria und aller deiner Auserwählten.
Wie auch wir vergeben unseren Schuldigern: Und was wir nicht vollkommen vergeben, mach du, Herr, daß wir es gänzlich vergeben, damit wir die Feinde um deinetwillen wahrhaft lieben und für sie bei dir ergeben Fürsprache einlegen, niemandem Böses mit Bösem vergelten und in allem dir nützlich zu sein uns bemühen.
Und führe uns nicht in Versuchung: in keine verborgene oder offenkundige, unvermutete oder ungestüme.
Sondern erlöse uns von dem Bösen: dem vergangenen, gegenwärtigen und zukünftigen. Ehre sei dem Vater usw.

Würde des Menschen

Gedenke
Mensch
Der Erhabenheit
Mit der dich
Gott der Herr
Bedacht hat
Er schuf und formte dich
Als Abbild Seines geliebten Sohnes der Gestalt nach
Als Gleichnis dem Geist nach

Alle Geschöpfe
Unter dem Himmel
Erkennen
Ihren Lebensspender
Ihrem Wesen entsprechend
Sie dienen und gehorchen Ihm
Besser als du

Die Dämonen
Kreuzigten Ihn nicht
Du
Hast Ihn gekreuzigt
Mit ihnen
Du kreuzigst Ihn immer noch
Dich erfreuend in Laster und Sünde

Wessen kannst du dich noch rühmen
Wärest du noch so feinsinnig und weise
Hättest du alles Wissen

Könntest du alle Sprachen verstehen
Und noch gründlicher
Alle himmlischen Dinge ergründen
Du könntest Dich all dessen nicht rühmen
Ein einziger Dämon
Wußte vom Himmlischen
Und weiß vom Irdischen
Mehr als alle Menschen

Ebenso:
Wärest du schöner
Und reicher als alle andern
Könntest Du Wunder wirken
Und Dämonen austreiben
All dies widerspräche dir
Es würde dein Wesen nicht betreffen
Du könntest dich dessen nicht rühmen

Rühmen können wir uns nur
Unserer Schwachheit
Und täglich die Last tragen
Des heiligen Kreuzes unseres Herrn Jesus Christus

Die Armut auf dem Prüfstand

Glücklich die arm sind im Geist
Denn ihnen gehört die Welt Gottes

Viele
Sind eifrig in Gebet und Gottesdienst
Sie fasten viel und töten ihren Körper ab
Ein einziges Wort aber
Das ihrem ichbezogenen Selbst
Scheinbar Unrecht tut
Oder irgendeine Sache
Die ihnen weggenommen wird
Ist ihnen Ärgernis
Und bringt sie sofort aus der Fassung

Sie sind nicht arm im Geist
Wirklich arm im Geist ist
Wer sich selber haßt
Wer die liebt die ihn auf die Wange schlagen

Die Reinheit des Herzens

Glücklich jene mit reinem Herzen
Denn sie werden Gott sehen

Das Herz jener ist wirklich rein
Die das Irdische verachten
Die nach dem Himmel trachten
Die nie aufhören
Den Herrn den lebendigen und wahren Gott
Anzubeten und zu schauen
Mit reinem Herzen und reinem Geist

Leidensfähigkeit und Friedenswille

Glücklich jene die Frieden schaffen
Denn sie werden Söhne Gottes heißen

Der Knecht Gottes kann nicht erkennen
Wieviel Geduld in ihm ist
Und wieviel Demut
Solange man ihm zu Willen ist

Es kommt aber die Zeit
Wo jene die ihm zu Willen sein müßten
Das Gegenteil tun
Wieviel Geduld er dann beweist
Und wieviel Demut
Soviel ist in ihm und nicht mehr

Wirklich Frieden schaffen jene
Die trotz allem was sie in der Welt erleiden
Mit Körper und Geist am Frieden festhalten
Aus Liebe zu Jesus Christus unserem Herrn

Feindesliebe in der Nachfolge Jesu

Wir Brüder alle
Wollen unsere Aufmerksamkeit darauf richten
Was der Herr sagt
Liebt eure Feinde
Tut Gutes denen die euch hassen
Denn unser Herr Jesus Christus
Dem wir nachfolgen müssen
Hat Seinen Verräter Freund genannt
Er hat sich freiwillig jenen preisgegeben
Die Ihn kreuzigten

Darum sind jene unsere Freunde
Durch deren Ungerechtigkeit
Wir Verwirrung und Angst erdulden
Scham und Unrecht
Schmerz und Folter
Marter und Tod
Diese müssen wir sehr lieben
Denn durch das was sie uns antun
Erlangen wir das ewige Leben

Armut

Glücklich der Knecht
Der sich nicht mehr erhöht
Durch das Gute
Das der Herr durch ihn sagt und tut
Als durch das
Was Er durch einen andern sagt und tut
Es sündigt der Mensch
Der mehr von seinem Nächsten erhalten will
Als er von sich geben will Gott dem Herrn

Glücklich der Knecht
Der alles Gute Gott dem Herrn zurückgibt
Denn wer etwas für sich behält
Verbirgt bei sich das Geld des Herrn seines Gottes

Glücklich der Knecht
Der sich einen Schatz im Himmel sammelt
Vom Gut
Das ihm der Herr gezeigt hat
Der nicht wünscht es den Menschen zu offenbaren
Im Blick auf Lohn
Der Höchste selbst
Wird seine Werke offenbaren
Wann immer Er will

Glücklich der Knecht
Der die Geheimnisse des Herrn bewahrt
In seinem Herzen

Der Buchstabe tötet

Der Buchstabe tötet
Der Geist schenkt Leben

Der Buchstabe tötet jene
Die nur danach streben Worte zu kennen
Um für weiser zu gelten als andere
Um großen Reichtum zu erlangen
Den sie ihren Verwandten und Freunden schenken

Der Buchstabe tötet jene Ordensleute
Die dem Geist der göttlichen Schrift
Nicht folgen wollen
Die nur danach streben mehr Worte zu kennen
Und sie andern zu erklären

Der Geist der göttlichen Schrift
Schenkt Leben jenen
Die jeden Buchstaben
Den sie kennen und zu kennen erstreben
Nicht sich selbst zuschreiben
Sondern in Wort und Beispiel zurückgeben
Gott dem höchsten Herrn
Dem alles Gut gehört

Bruderliebe

Glücklich der Mensch
Der seinen Nächsten trägt
In seiner ganzen Gebrechlichkeit
Wie er sich wünscht
Von jenem getragen zu werden
In seiner eigenen Schwäche

Glücklich der Knecht
Der seinen Bruder ebenso liebt
Wenn er krank ist und es ihm nicht vergelten kann
Wie wenn er gesund ist und es ihm vergelten kann

Glücklich der Knecht
Der seinen Bruder ebenso liebt und fürchtet
Wenn er weit entfernt ist
Wie wenn er bei ihm ist
Der nichts hinter seinem Rücken sagt
Was er vor ihm in Liebe nicht sagen könnte

Von der Fröhlichkeit des Geistes

Das sicherste Mittel gegen die tausend Schliche und Fallen des Bösen, so versicherte der Heilige, ist die Fröhlichkeit des Geistes.

Er pflegte zu sagen: »Das ist der größte Triumph des Teufels, wenn er einem Knechte Gottes die Geistesfreude rauben kann. Er führt einen feinen Staub mit sich, den streut er in kleinen Dosen durch die Ritzen des Gewissens, um die reine Gesinnung und den Glanz der Seele zu trüben. Die Freude aber, die das Herz des Geistesmenschen erfüllt, macht jenes todbringende Gift der Schlange zunichte. Der Teufel kann einem Knecht Christi gegenüber nichts ausrichten, wenn in diesem die heilige Fröhlichkeit des Geistes herrscht. Ist jedoch einem weinerlich zumute und meint er verlassen zu sein in seinem Kummer, so reibt ihn entweder die Traurigkeit auf, oder er wendet sich eitlen Vergnügen zu.«

Darum war es dem Heiligen stets daran gelegen, ein heiteres Herz zu haben und jene Salbung des Geistes zu bewahren, die vom Öl der Freude gespendet wird. Mit größter Sorgfalt mied er die seelische Krankheit der Melancholie, und sobald ein Hauch davon sein Herz berührte, nahm er sogleich seine Zuflucht zum Gebet.

Er pflegte zu sagen: »Wenn ein Knecht Gottes, wie es vorkommen kann, in seinem Gemüte über etwas verwirrt würde, so muß er sogleich sich ins Gebet begeben. Und so lange sollte er vor dem Antlitz des erhabenen Vaters verweilen, bis er wieder die vorige Freude hat, von der so viel für das Heil abhängt. Denn wenn sich die Traurigkeit festsetzt, wächst das Übel: und sofern es sich nicht in Tränen löst, bleibt ein dauernder Schaden zurück.«

In den Tagen, da er wegen seines Augenleidens in Rieti weilte [Herbst 1225], rief er einen Gefährten, der einst ein Sänger zur Laute gewesen war, und sprach zu ihm: »Bruder, die Weltkinder kennen die verborgenen Wunder Gottes nicht; die Musikinstrumente, welche ihrer natürlichen Bestimmung nach dem Lobpreis Gottes dienen sollten, werden durch die menschliche Sinneslust zum bloßen Ohrenkitzel herabgewürdigt. Es wäre mein Wunsch, Bruder, du würdest dir unauffällig eine Laute leihen; dann bring sie her und singe deinem Bruder in seinen Schmerzen ein schönes Lied, das ihn trösten kann!«

Der Bruder erwiderte: »Ich muß leider fürchten, Vater, die Leute würden dies als eine leichte Laune auslegen.«

»Dann wollen wir's lassen«, sprach der Heilige. »Auf manches muß man verzichten, um nicht Anstoß zu geben.«

In der folgenden Nacht, da der Heilige in göttlichen Betrachtungen schlaflos lag, schlug auf einmal Lautenklang an sein Ohr – eine wundervolle, süße Melodie. Er sah niemanden: aber bald von dieser Seite, bald von jener kamen die Töne, wie wenn der Spieler sich hin und her bewege. Und weil der Geist des heiligen Franz auf Gott gerichtet war, genoß er in jenen süßen Melodien eine wahre Himmelslust, daß er vermeinte, er sei in einer andern Welt.

Am nächsten Morgen erzählte er das Erlebnis jenem Bruder und fügte bei: »Der Herr, der die Betrübten tröstet, hat mich noch nie ohne Trost gelassen. Weil ich eine menschliche Laute nicht hören durfte, konnte ich einer viel süßeren lauschen.«

Bruder Leib

Beim Essen, Trinken, Schlafen und gegenüber den anderen Bedürfnissen des Leibes soll der Knecht Gottes mit weisem Maße dem Körper Genüge leisten, damit Bruder Leib nicht aufbegehren könne und sage: ›Ich vermag mich nicht aufrecht zu halten und des Gebetes zu pflegen, noch kann ich in meinen Trübsalen froh sein, noch bin ich imstande, andern Gutes zu tun, weil ich nicht auf mein Bedürfnis geachtet habe!‹ Wenn hingegen der Knecht Gottes mit weisem Maße und in guter und ehrenhafter Weise auf das Bedürfen des Leibes Rücksicht nimmt und Bruder Leib wäre dennoch nachlässig, faul und schläfrig, wo es zu beten, zu wachen und Gutes zu schaffen gibt, dann sollte man den Leib wie ein schlechtes, faules Zugtier züchtigen, weil er nur essen will, ohne sich nützlich zu machen und Lasten zu tragen.

Der Sonnengesang

Du höchster, mächtigster, guter Herr,
Dir sind die Lieder des Lobes, Ruhm und Ehre
und jeglicher Dank geweiht;
Dir nur gebühren sie, Höchster,
und keiner der Menschen ist würdig,
Dich nur zu nennen.

Gelobt seist Du, Herr,
mit allen Wesen, die Du geschaffen,
der edlen Herrin vor allem, Schwester Sonne,
die uns den Tag heraufführt und Licht
mit ihren Strahlen, die Schöne, spendet:
gar prächtig in mächtigem Glanze:
Dein Gleichnis ist sie, Erhabener.

Gelobt seist Du, Herr,
durch Bruder Mond und die Sterne.
Durch Dich sie funkeln am Himmelsbogen
und leuchten köstlich und schön.

Gelobt seist Du, Herr,
durch Bruder Wind
und Luft und Wolke und Wetter,
die sanft oder streng, nach Deinem Willen,
die Wesen leiten, die durch Dich sind.

Gelobt seist Du, Herr,
durch Schwester Quelle:
Wie ist sie nütze in ihrer Demut,
wie köstlich und keusch!

Gelobt seist Du, Herr,
durch Bruder Feuer,
durch den Du zur Nacht uns leuchtest.
Schön und freundlich ist er am wohligen Herde,
mächtig als lodernder Brand.

Gelobt seist Du, Herr,
durch unsere Schwester, die Mutter Erde,
die gütig und stark uns trägt
und mancherlei Frucht uns bietet
mit farbigen Blumen und Matten.

Gelobt seist Du, Herr, durch die,
so vergeben um Deiner Liebe willen
und Pein und Trübsal geduldig tragen.
Selig, die's überwinden im Frieden:
Du, Höchster, wirst sie belohnen.

Gelobt seist Du, Herr,
durch unsern Bruder, den leiblichen Tod;
ihm kann kein lebender Mensch entrinnen.
Wehe denen, die sterben in schweren Sünden!
Selig, die er in Deinem heiligsten Willen findet!
Denn sie versehrt nicht der zweite Tod.

Lobet und preiset den Herrn!
Danket und dient Ihm
in großer Demut!

Das große Dankgebet

Allmächtiger
Heiligster
Höchster und erhabenster Gott
Heiliger und gerechter Vater
Herr König des Himmels und der Erde
Um Deiner selbst willen
Sagen wir Dir Dank
Durch Deinen heiligen Willen
Und durch Deinen einzigen Sohn
Hast Du
Zusammen mit dem Heiligen Geist
Alles geschaffen
Alles Geistige
Alles Leibliche
Uns hast Du nach Deinem Bild Dir ähnlich gemacht
Und hast uns ins Paradies gestellt

Durch eigene Schuld
Sind wir gefallen

Wir sagen Dir Dank
Durch Deinen Sohn hast Du uns geschaffen
Durch Deine heilige Liebe
Mit der Du uns geliebt
Hast Du Ihm selbst Leben gegeben
Als wahrem Gott und wahrem Menschen
Aus der herrlichen Jungfrau
Der seligsten heiligen Maria
Durch Sein Kreuz und Sein Blut und Seinen Tod
Hast Du uns die wir gefangen waren befreien wollen

Wir sagen Dir Dank
Dein Sohn selbst
Wird kommen
In der Herrlichkeit Seiner Größe
In das ewige Feuer wird er stürzen die Verdammten
Die nicht Buße tun wollten
Die Dich nicht kannten
Er wird sagen zu allen
Die Dich kannten
Die Dich anbeteten
Die Dir dienten in Buße
Kommt Ihr Gesegneten meines Vaters
Erbt das Land
Das euch bereitet ist
Seit Beginn der Welt

Wir alle sind elende Sünder
Nicht würdig Dich zu nennen
Wir flehen demütig
Unser Herr Jesus Christus
Dein geliebter Sohn
An dem Du Dein Wohlgefallen hast
Sage Dir Dank
Für alle
Zusammen mit dem Heiligen Geist dem Tröster
Wie es Dir und Ihm gefällt
Er ist Dir immer Erfüllung und Freude in allem
Er durch den Du uns so großes getan Alleluja

Die herrliche Mutter allezeit seligste Jungfrau Maria
Die heiligen Michael Gabriel Raffael
Alle Chöre der Seligen
Die Serafim Cherubim und Throne
Die Herrschaften Fürstentümer und Gewalten

Die Kräfte Engel und Erzengel
Den seligen Johannes den Täufer
Johannes den Evangelisten
Petrus und Paulus
Die seligen Patriarchen
Propheten und unschuldigen Kinder
Die Apostel Evangelisten und Jünger
Die Märtyrer Bekenner und Jungfrauen
Die seligen Elijas und Henoch
Alle Heiligen
Die waren sein werden und sind
Bitten wir demütig um Deiner Liebe willen
Daß sie Dir Dank sagen
Wie es Dir gefällt
Dir dem höchsten wahren Gott
Dem Ewigen und Lebendigen
Zusammen mit Deinem geliebten Sohn
Unserm Herrn
Jesus Christus
Und dem Heiligen Geist dem Tröster
In alle Ewigkeit
Amen Alleluja

Schwester Lerche

Unsere Schwester Lerche hat eine Kapuze wie unsereins, und sie ist ein demütiger Vogel, denn sie geht gerne den Weg entlang, um ein paar Körnlein für sich zu finden, oder holt sie aus den Abfällen heraus, und davon fristet sie ihr Leben. In ihrem Fluge lobt sie den Herrn mit gar lieblichem Ton: sie macht es wie gute Ordensleute, die sich über das Irdische erheben, deren Wandel stets im Himmel und deren Sinn allzeit auf die Ehre Gottes gerichtet ist. Ihr Federkleid ist der Erde ähnlich, zum Vorbild und zur Mahnung für uns, keine kostbaren, bunten Gewänder zu tragen, sondern billige und einfache, so wie auch die Erde gewöhnlicher ist als die andern Elemente.

Was Franz den Vögeln sagte

»Viel verdankt ihr Gott, meine Geschwister Vögel, und müßt Ihn deshalb allezeit und allerorten loben. Ihr habt die Freiheit, überallhin zu fliegen: ihr habt Kleidung, doppelt und dreifach; habt einen bunten, zierlichen Habit: habt Speise, ohne sonderliche Mühe erworben; habt einen Gesang, vom Schöpfer euch eingegeben, und seid eine große Schar, durch Gottes Segen vermehrt. Schon in der Arche hat Er euer Geschlecht bewahrt. Das Element der Luft ward euch zugewiesen. Ihr säet nicht, ihr erntet nicht, und Gott ernähret euch. Er gab euch Bach und Quelle zum Trunke, Berge und Hügel, Felsen und Klüfte zu eurer Zuflucht, ragende Bäume zum Nisten, und wenn ihr auch gleich nicht zu nähen noch zu weben versteht, gibt Er doch euch und euren Kindern die nötige Kleidung. Also liebt euch der Schöpfer gar sehr, da Er euch so viel Gutes erwiesen hat. Darum sollt ihr auch darauf achten, meine Geschwister Vögel, daß ihr nicht undankbar seid, sondern beeifert euch allezeit, Gott zu loben!«
Auf diese Worte des heiligen Franz hin begannen die Vögel samt und sonders ihre Schnäbel zu öffnen, die Flügel zu spannen, die Hälse zu recken, neigten ehrerbietig ihre Köpfe bis zur Erde und bekundeten mit Sang und Gebärde, daß ihnen die Worte des Heiligen groß Ergötzen bereiteten. Wie er das schaute, empfand er eine wundersame Freude im Geiste, und da er voll Staunen ihre große Menge, ihre herrliche Mannigfaltigkeit, ihre Zuneigung und einträchtige Vertraulichkeit sah, pries er in ihnen den wunderbaren Schöpfer und lud sie mit liebreichem Zuspruch zu dessen Lobe.

Bruder Wolf

Etwas Wundersames, was des rühmenden Andenkens würdig ist, geschah bei der Stadt Gubbio. Da war nämlich zu Lebzeiten des seligen Vaters Franz in der Umgegend jener Stadt ein Wolf, der war von schreckhafter Größe und in seinem Hunger von grimmiger Wildheit. Er verschlang nicht nur Tiere, sondern auch Männer und Frauen, so daß er alle Bürger ob solcher Plage in Angst versetzte, und alle gingen bewaffnet, wenn sie die Stadtmauer verließen, als gelte es, einen gefährlichen Krieg zu führen.

Trotz alldem konnten sich die Leute der schrecklichen Wut des Wolfes nicht erwehren, wenn einer dem Zähnefletschenden unglücklicherweise begegnete. Eine solche Panik hatte alle befallen, daß kaum einer sich sicher fühlte, wenn er über das Weichbild der Stadt hinausgehen mußte.

Gott aber wollte den Bewohnern der Gegend die Heiligkeit Franzens kundtun. Da nämlich der selige Vater gerade nach Gubbio kam, empfand er Mitleid mit den Leuten und beschloß, dem Wolf entgegenzutreten. Die Bürger sprachen zu ihm: »Hüte dich, Bruder Franz, über das Stadttor hinauszugehen: der Wolf, der schon viele gefressen hat, wird dich jämmerlich töten.«

Der heilige Franz aber setzte seine Hoffnung auf den Herrn Jesus Christus, der über alles Fleisch gebietet, und so schritt er, nicht mit Schild und Helm gewappnet, sondern unter dem Schutze des heiligen Kreuzzeichens, mit einem Gefährten vor das Stadttor ... und ging ohne Furcht dem Wolf entgegen.

Und siehe, angesichts der vielen Menschen, die von erhöhten Orten aus zuschauten, rannte der schreckliche Wolf mit offenem Rachen auf den heiligen Franz und seinen Gefährten zu.

Der selige Vater aber machte über diesen das Zeichen des Kreuzes, und die göttliche Kraft, die von ihm wie von dem Gefährten ausging, zähmte den Wolf: er hielt plötzlich inne, und der schaurig aufgesperrte Rachen schloß sich. Franz rief ihn her und sprach: »Komm zu mir, Bruder Wolf! Im Namen Christi befehle ich dir, weder mir noch sonst jemandem einen Harm zu tun!«
Und wunderbar, auf das Kreuzzeichen hin schloß das Untier den wilden Rachen, und wie der Heilige ihm geboten, kam es gesenkten Kopfes heran und legte sich gleich einem Lamme zu seinen Füßen.
Wie er so vor ihm dalag, sprach zu ihm der heilige Franz: »Bruder Wolf, du richtest viel Schaden in dieser Gegend an und hast schlimme Übeltaten verbrochen, da du Gottes Geschöpfe erbarmungslos umgebracht hast. Und nicht nur unvernünftige Tiere tötest du, sondern, was schlimmer ist, du wagst es, Menschen, nach Gottes Bilde geschaffen, umzubringen und zu verschlingen! Darum verdienst du, daß man dich als Räuber und bösen Mörder einem schrecklichen Tod überliefert. Alle klagen mit Recht über dich und sind dir böse, und die ganze Gegend ist dir feind. Aber jetzt, Bruder Wolf, will ich zwischen dir und den Leuten Frieden machen. Es darf keinem mehr ein Leid von dir geschehen, und sie sollen dir alle vergangenen Missetaten erlassen, und weder Menschen noch Hunde sollen dich weiter verfolgen.«
Da gab der Wolf mit Bewegungen des Schwanzes und der Ohren, mit Gebärden und Kopfnicken zu erkennen, daß er auf den Vorschlag des Heiligen eingehe, worauf dieser, fortfahrend in seiner Rede, beifügte: »Bruder Wolf, weil du damit einverstanden bist, diesen Frieden zu schließen, verspreche ich dir: Ich will dir, solange du lebst, durch die Leute dieser Gegend deine tägliche Kost verschaffen. Du wirst keinen Hunger mehr leiden müssen; denn ich weiß sehr wohl, du tust alles Schlimme nur vom Hunger getrieben. Aber weil ich,

mein Bruder Wolf, dir solche Gunst erwirke, muß du mir auch versprechen, daß du nie wieder einem Tier oder Menschen ein Leid zufügest. Versprichst du mir das?«
Der Wolf gab durch Kopfnicken deutlich zu erkennen, daß er mit dem ihm vom Heiligen Auferlegten einverstanden sei. Darauf sprach der Heilige: »Bruder Wolf, du mußt mir ein Pfand geben, daß ich mich auf das, was du versprochen hast, verlassen kann.« Und der heilige Franz streckte seine Hand aus, um das Pfand der Treue entgegenzunehmen; und der Wolf hob die rechte Tatze und legte sie zutraulich und sanft in die Hand des heiligen Franz. Damit gab er ihm das Zeichen der Treue, so gut er's vermochte.
Zuletzt sprach der Heilige: »Bruder Wolf, ich befehle dir im Namen des Herrn Jesus Christus, komm nun ohne Bangen mit mir zu den Häusern der Menschen, damit wir im Namen des Herrn diesen Frieden besiegeln!« Und der Wolf gehorchte und folgte dem heiligen Franz gleich einem sanften Lamme.
Wie das die Leute sahen, waren sie aufs höchste verwundert, und sogleich ging die Neuigkeit durch die ganze Stadt, so daß alle, Männer und Frauen, groß und klein, auf dem Stadtplatz zusammenkamen, wo sich der Heilige mit dem Wolf befand. Vor der zahlreichen Menge des Volkes hielt der heilige Franz eine wundersame Predigt ... und er schloß: »Höret denn, meine Lieben, dieser Bruder Wolf, der vor euch steht, hat mir versprochen und mir sein Treupfand gegeben, daß er Frieden mit euch schließen will. Niemandem von euch wird er ferner ein Leides tun, sofern auch ihr ihm versprecht, für seinen täglichen Unterhalt aufzukommen. Ich verbürge mich für Bruder Wolf, daß er den Friedensvertrag getreulich achten wird.«
Da versprachen alle Versammelten mit lautem Zuruf, sie wollten fortan den Wolf ernähren ... Und der Wolf lebte noch zwei Jahre und ließ sich von Tür zu Tür die Nahrung geben, ohne jemandem ein Leid zu tun; und auch die Leute taten ihm

nichts zuleide und fütterten ihn freundlich. Und sonderbar, nie bellte ein Hund gegen ihn.
Schließlich starb Bruder Wolf an Altersschwäche. Die Bürgersleute waren über seinen Tod sehr traurig. Denn wenn er so friedlich und in sanfter Geduld durch ihre Stadt ging, erinnerte er sie an die wundersame Tugend und Heiligkeit des seligen Franz.

Nichts anderes

Jetzt aber nachdem wir auf die Welt verzichtet haben
Haben wir nichts anderes zu tun
Als dem Willen des Herrn zu folgen
Und ihm zu gefallen

Wir Brüder
Wollen uns alle sehr in acht nehmen
Daß wir nicht zugrunde gehen
Im Blick auf irgendeinen Lohn
Auf Werk oder auf Hilfe
Und nicht unseren Geist und unser Herz
Von Gott wegnehmen

In heiliger Liebe
Die Gott ist
Bitte ich alle Brüder
Jedes Hindernis zu entfernen
Jede Sorge und jede Unruhe
Und auf die beste Art
Gott dem Herrn
Zu dienen
Ihn zu lieben
Zu ehren und anzubeten
Aus reinem Herzen und klarem Geist
Er erstrebt dies über alles
Wir wollen Ihm immer
Wohnung und Unterkunft sein
Er ist der Herr
Der allmächtige Gott
Der Vater der Sohn der Heilige Geist

Du bist heilig

Du bist heilig
Herr einziger Gott
Du tust Wunderbares

Du bist der Starke
Du bist der Große
Du bist der Höchste
Du der allmächtige König
Du Heiliger Vater
König des Himmels und der Erde

Du
Dreifaltiger
Und Einer
Herr
Gott aller Götter

Du bist das Gut
Das ganze Gut
Das höchste Gut
Herr Gott
Lebendig und wahr

Du Zuwendung
Du Liebe

Du Weisheit
Du Demut
Du Geduld
Du Schönheit

Du Milde
Du Sicherheit
Du Ruhe
Du Lust
Du unsere Hoffnung und unsere Freude
Du Gerechtigkeit
Du Maß
Du all unser Reichtum
Mehr als wir brauchen

Du Beschützer
Du Wächter und Verteidiger

Du Stärke
Du Zuflucht
Du unsere Hoffnung
Du unser Glaube
Du unsere Liebe

Du unsre ganze Süßigkeit
Du unser ewiges Leben
Groß und bewundernswürdig
Herr
Allmächtiger Gott
Barmherziger Retter

Dem Erlöser ein Lied

Ihm
Der für uns so viel ertragen
Der uns so viel Gutes getan
Und in Zukunft tun wird
Gebe zurück
Jedes Geschöpf
Im Himmel und auf der Erde
Im Meer und in den Abgründen
Das Lied
Die Herrlichkeit
Die Ehre
Und den Segen
Er ist
Unsere Kraft
Und unsere Stärke

Er allein ist gut
Er allein erhaben
Er allein allmächtig
Bewundernswürdig
Herrlich
Er allein heilig
Lobwürdig
Gesegnet
In unendliche Ewigkeit
Amen

Nichts haben und sehen wir

Nichts
Haben und sehen wir
Leiblich in dieser Welt
Von Ihm dem Höchsten
Außer
Den Leib und das Blut
Die Namen und die Worte
Durch die wir geschaffen sind
Und errettet
Aus dem Tod ins Leben

Lied auf die Tugenden

Wo Liebe ist und Weisheit
Ist nicht Angst noch Unerfahrenheit

Wo Geduld ist und Demut
Ist nicht Zorn noch Erregung

Wo Armut ist und Freude
Ist nicht Gier noch Geiz

Wo Stille ist und Besinnlichkeit
Ist nicht Unruhe noch Ziellosigkeit

Wo Furcht des Herrn ist seinen Hof zu bewachen
Kann kein Feind eindringen

Wo Barmherzigkeit ist und Bescheidenheit
Ist nicht Überfluß noch Härte

Armut

Die Erhabenheit
Der höchsten Armut
Hat euch
Meine geliebten Brüder
Zu Erben und Königen des Himmlischen Reiches
Bestellt
Sie macht arm an Dingen
Sie erhöht durch Tugenden

Sie sei eure Zuflucht
Sie führe euch ins Land der Lebenden
Ihr sollt ihr
Meine geliebten Brüder
Ganz anhangen
Nichts anderes sollt ihr auf immer wollen unter dem
Himmel
Um des Namens unseres Herrn Jesus Christus willen

An die Lenker der Völker

Allen Bürgermeistern und Konsuln, Richtern und Statthaltern auf der ganzen Welt sowie allen anderen, zu denen dieser Brief gelangt, euch allen wünscht Bruder Franziskus, euer ganz kleiner und verächtlicher Knecht in Gott, dem Herrn, Heil und Frieden.

Bedenkt und seht, daß der Tag des Todes naht. Daher bitte ich euch in Ehrfurcht, so gut ich kann, ihr möchtet doch nicht wegen der Sorgen und dem geschäftigen Treiben dieser Welt, die ihr habt, den Herrn der Vergessenheit anheimfallen lassen und von seinen Geboten abweichen; denn alle jene, die ihn der Vergessenheit anheimfallen lassen und von seinen Geboten abweichen, sind verflucht und werden von ihm der Vergessenheit überantwortet werden. Und wenn der Tag des Todes kommt, wird ihnen alles, was sie zu haben glaubten, weggenommen werden. Und je weiser und mächtiger sie in dieser Welt gewesen sind, desto größere Qualen werden sie in der Hölle erdulden. Daher rate ich euch, meine Herren, eindringlich, alles Sorgen und geschäftige Treiben zurückzustellen und den heiligsten Leib und das heiligste Blut unseres Herrn Jesus Christus bei seinem heiligen Gedächtnis liebevoll zu empfangen. Und bereitet doch dem Herrn unter dem euch anvertrauten Volk so große Ehre, daß an jedem Abend durch einen Herold oder durch irgendein Zeichen angesagt werde, das ganze Volk bringe Gott, dem allmächtigen Herrn, Lobpreis und Dank dar. Und wenn ihr das nicht tut, so wißt, daß ihr vor eurem Herrn und Gott, Jesus Christus, am Tage des Gerichtes Rechenschaft ablegen müßt.

Die dieses Schreiben bei sich bewahren und es befolgen, sollen wissen, daß sie von Gott, dem Herrn, gesegnet sind.

Wir alle wollen lieben

Wir alle wollen lieben mit ganzem Herzen
Mit ganzer Seele
Mit ganzem Geist
Mit ganzer Kraft und ganzem Mut
Mit ganzem Empfinden
Mit ganzen Kräften
Mit ganzer Beschwingtheit
Mit ganzer Zärtlichkeit
Mit ganzem Gemüt
Mit allem Wünschen und Wollen
Gott den Herrn

Den ganzen Leib
Die ganze Seele
Das ganze Leben
Hat Er uns allen gegeben
Und gibt es noch

Geschaffen hat Er uns
Erlöst
Und einzig Sein Erbarmen wird uns retten

Uns Erbarmungswürdigen und Elenden
Uns Hinfälligen und Verwesenden
Uns Undankbaren und Böswilligen
Hat Er alles Gute getan
Und tut es noch

Nichts anderes wollen wir wünschen
Nichts anderes wollen

Nichts anderes soll uns gefallen und erfreuen
Als der Schöpfer
Der Erlöser
Unser Retter
Der einzig wahre Gott

Das volle Gut ist Er
Alles Gut
Das ganze Gut
Das wahre und höchste Gut
Er allein ist gut
Zärtlich
Sanft
Lieblich und süß

Er allein ist heilig gerecht wahr
Heilig und unbeugsam
Er allein ist gütig
Will keinerlei Schaden
Er allein ist rein

Von Ihm und durch Ihn und in Ihm
Ist alle Vergebung
Alle Gnade
Alle Herrlichkeit
Für alle die Buße tun und gerecht sind
Für alle Seligen die im Himmel sich freuen

Nichts soll hindern
Nichts trennen
Nichts stören
Überall
An jedem Ort
Zu jeder Stunde
Zu jeder Zeit
Täglich und fortwährend

Wollen wir aufrichtig und demütig glauben
Wir wollen den höchsten und erhabensten
Ewigen Gott
Im Herzen behalten
Lieben
Ehren
Anbeten
Loben und Segnen
Verherrlichen
Über alles erheben und hochschätzen
Wir wollen dem Dreifaltigen und Einen
Dienen und danken
Dem Vater dem Sohn dem Heiligen Geist
Dem Schöpfer aller
Dem Retter aller
Die an ihn glauben auf ihn hoffen und ihn lieben

Ohne Anfang ist Er und ohne Ende
Unveränderbar
Unsichtbar
Unbeirrbar
Unaussprechbar
Unfaßbar
Unerforschbar

Gesegnet
Lobwürdig
Herrlich
Über alles erhaben
Ausgezeichnet
Sanft
Lieblich
Ergötzlich
Über alles begehrenswert
In Ewigkeit Amen

Friedensgebet

Herr
Mach mich zu einem Werkzeug Deines Friedens
Laß mich Liebe bringen in den Haß
 Verzeihung in die Schuld
 Einheit in die Zwietracht
 Wahrheit in den Irrtum
 Glauben in den Zweifel
 Hoffnung in die Verzweiflung
 Licht in das Dunkel
 Freude in die Traurigkeit
Herr
Laß mich mehr danach trachten
 zu trösten als Trost zu finden
 zu verstehen als Verständnis zu finden
 zu lieben als Liebe zu finden
Im Geben empfange ich
Im Mich-Vergessen finde ich mich
Im Verzeihen erfahre ich Verzeihung
Im Sterben stehe ich auf zum ewigen Leben

Dieses Gebet ist heute in den meisten Gebetbüchern Europas als Gebet von Franziskus abgedruckt. Doch stammt es sicher nicht von ihm. Es ist vielmehr ein Produkt des 20. Jahrhunderts. Bisher konnte die vermutete lateinische Vorlage nicht gefunden werden. 1917 ist ein Franziskaner beim Dritten Orden von Metz auf Visitation. Zum Abschluß überreicht er ein Erinnerungsbild. Die Vorderseite zeigt Franziskus mit der Drittordensregel, die Rückseite bringt dieses Gebet mit Quellenangabe und einer persönlichen Bemerkung. Die Quelle »Souvenir Normand« ist nicht mehr auffindbar. Es handelt sich bei diesem Gebet also um eine persönliche Lesefrucht eines Franziskaners. Die persönliche Bemerkung begründet, warum er dieses Gebet dem täglichen Beten der franziskanischen Laien empfiehlt. Sie könnten in der ständigen Wiederholung dieses Gebetes in jene Grundhaltung hineinwachsen, die Franz von Assisi beseelt hat. Damit hat er auch angezeigt, in welchem Sinne dieses Gebet franziskanisch genannt werden darf. Das Gebet kommt dann in der Zwischenkriegszeit nach England und während des Zweiten Weltkriegs nach Deutschland, wo es zur Antwort auf eine große Sehnsucht wird.

Quellen- und Bildnachweis

S. 5 (Franziskus und wir): aus: Reinhold Schneider: Das Erbe im Feuer, Insel Verlag, Frankfurt am Main. – S. 13 (Die Liebe hat nur einen Weg): aus: Reinhold Schneider: Der christliche Protest, Peter Schifferli Verlags AG »Die Arche«, Zürich 1954. – S. 8ff., 15, 17, 20f., 22, 23, 24, 25, 26, 27, 28, 36ff., 47, 48f., 50, 52, 53, 55, 57ff. und 61f.: aus: Franz von Assisi: Die Demut Gottes. Meditationen, Lieder, Gebete. Ausgewählt, übersetzt, kommentiert und eingeleitet von Anton Rotzetter und Elisabeth Hug (Reihe »Klassiker der Meditation«), Copyright © 1977 by Benziger Verlag, Zürich, Einsiedeln und Köln. – S. 18f. und 56: aus: Franziskanische Quellenschriften. Herausgegeben von den deutschen Franziskanern, Band 1: Die Schriften des heiligen Franziskus von Assisi, Einführung, Übersetzung, Erläuterungen Lothar Hardick OFM und Engelbert Grau OFM, 7., verbesserte Aufl., Copyright © 1982 by Dietrich-Coelde-Verlag, Werl/Westf. – S. 29f., 31, 33f., 39, 40 und 42f.: aus: Franz von Assisi: Legenden und Laude. Herausgegeben, eingeleitet und übersetzt von Otto Karrer, 6., veränderte Aufl., Copyright © 1975 by Manesse Verlag, Conzett + Huber, Zürich.

S. 2, 32, 44 und 60: Lothar Nahler, 6200 Wiesbaden. – S. 4 und 41: Werner H. Müller, 7000 Stuttgart 13. – S. 14 (Franz von Assisi – Bildnis in der Unterkirche des Sacro-Speco zu Subiaco. Scala Santa; Ausschnitt aus einem Frescogemälde aus dem Jahre 1223): Archiv für Kunst und Geschichte, 1000 Berlin 38. – S. 16: Fritz Kehrer, CH-6010 Kriens. – S. 35: Walter Studer, CH-3506 Großhöchstetten. – S. 51: Lisbeth Tresch-Philipp, CH-6460 Altdorf. – S. 54: Hilde Körnig, 4600 Dortmund 50.

Originalausgabe

CIP-Kurztitelaufnahme der Deutschen Bibliothek

Francesco ‹d'Assisi›:
Das Wagnis der Liebe: Texte zur Orientierung /
Franz von Assisi. Mit e. Einf. hrsg. von Peter
Helbich. – Orig.-Ausg. – Gütersloh: Gütersloher
Verlagshaus Mohn, 1983.
(Gütersloher Taschenbücher Siebenstern; 471)
ISBN 3-579-00471-9

NE: Helbich, Peter [Hrsg.]; GT

ISBN 3-579-00471-9
© Gütersloher Verlagshaus Gerd Mohn, Gütersloh 1983
Umschlagentwurf: Dieter Rehder, Aachen, unter Verwendung eines Fotos von Toni Schneiders, Lindau/B.
Gesamtherstellung: Clausen & Bosse, Leck
Printed in Germany

GTB Siebenstern

Peter Helbich
Gott wohnt nicht im blauen Himmel
Meditative Gebete. 100 Seiten. Originalausgabe. (GTB 208)

Meditative Gebete sind spontane Gedankenassoziationen, die im Augenblick verdichtet und ausgesprochen werden. Der Betende meditiert vor Gott. Er sucht die Stille. Er hat Zeit, denn Meditieren heißt: Sinnen, Bedenken und Aussprechen. Im meditativen Gebet kann die Zwiesprache mit Gott von neuem beginnen. Wer mit Gott redet, lernt es wieder, mit seinen Mitmenschen zu sprechen.
Diese meditativen Gebete sagen aus, was die Menschen heute bewegt: Gedanken, Empfindungen, Ängste, Hoffnungen, Freuden und Traurigkeiten. In den ekstatischen Gebeten, die den Band beschließen, wird der Beter an die Grenze seiner Sprachmöglichkeit geführt.

Peter Helbich/Horst Seibert/Friedrich Thiele
Die soziale Arbeit der Kirche
Ein Diakonie-Lexikon. 188 Seiten. Originalausgabe. (GTB 1048)

Dieses handliche Nachschlagewerk stellt – erstmalig in dieser lexikalisch-übersichtlichen Form – gesellschaftliche Probleme und diakonische Hilfestrukturen in einem Band dar:

- Es analysiert die Randgruppen, benennt ihre maßgeblichen Ursachen und die diakonischen Initiativen, durch die die evangelische Kirche die soziale Verantwortung an ihnen wahrzunehmen versucht.
- Es behandelt die theologischen Grundlagen des kirchlichen Diakonieverständnisses, die Motivationen diakonischen Handelns, seine historischen und aktuellen Erscheinungsweisen sowie die sozialpolitischen und rechtlichen Rahmenbedingungen, in den Diakonie heute steht.

Querverweise zwischen den Artikeln ermöglichen es, von theoretischen und praktischen Einzelfragen aus die Zusammenhänge zu erkennen: die sozialen und politischen Zusammenhänge, in denen Hilfebedürftigkeit entsteht, die organisatorischen Zusammenhänge, in denen Hilfe geleistet wird.

Gütersloher Verlagshaus Gerd Mohn